EL LIBRO DE
LAS PALOMITAS DE MAÍZ

Tomie de Paola

EL LIBRO DE LAS PALOMITAS DE MAÍZ

Traducido por Teresa Mlawer

Holiday House·New York

PARA FLORENCE NESCI,
quien me enseñó cómo hacer
las mejores palomitas de maíz
del mundo entero

Copyright © 1978 by Tomie de Paola
Translation copyright © 1993 by Holiday House, Inc.
Printed in the United States of America
Library of Congress Cataloging-in-Publication Data
De Paola, Tomie.
   [The popcorn book. Spanish]
   El libro de las palomitas de maíz / Tomie de Paola ; traducido por
Teresa Mlawer.
      p.   cm.
   Translation of: The popcorn book.
   Summary: Presents a variety of facts about popcorn and includes
two recipes.
   ISBN 0-8234-1058-7.—ISBN 0-8234-1059-5 (pbk.)
   1. Popcorn—Juvenile literature. [1. Popcorn. 2. Spanish
language materials.]   I. Title.   93-18318   CIP   AC
TX799.D4617   1993

... Y AHORA UNAS PALABRAS DE NUESTRO PATROCINADOR.

POP-O-POP

PALOMITAS DE MAÍZ

"Hay tres clases de maíz, y el que se utiliza para hacer las palomitas es el más antiguo de todos. Está el maíz que utilizamos para dar de comer a los animales como el ganado y los cerdos; el maíz dulce que es el que comemos; y el de las palomitas".

"Las palomitas de maíz fueron descubiertas por los indios de las Américas miles de años atrás".

"Cuando Colón llegó al Nuevo Mundo, una de las primeras cosas que observó fue a los indios de la isla de San Salvador, que vendían palomitas de maíz y las usaban como adorno".

PRIMERO, PONGO A CALENTAR LA CAZUELA.

"Pero en realidad, las palomitas de maíz son más antiguas todavía. En una cueva de murciélagos, en Nuevo México, unos arqueólogos encontraron palomitas que habían sido cocidas 5.600 años atrás".

"Y en Perú se encontraron granos de maíz de más de 1.000 años que todavía se conservaban en buen estado para hacer palomitas con ellos".

AHORA, EL ACEITE DE COCINAR.

"Los indios de las Américas conocían varias maneras de hacer palomitas de maíz. Una de ellas era sosteniendo la mazorca de maíz con una vara sobre el fuego".

"Pero de esta forma se perdían muchos granos".

"Otra manera era lanzar los granos directamente al fuego. Las palomitas saltaban por todas partes y el trabajo de recogerlas no era nada fácil".

BIEN. YA ESTÁ LO SUFICIENTEMENTE CALIENTE PARA ECHAR ALGUNOS GRANOS.

"En 1612, exploradores franceses vieron a unos iroqueses haciendo palomitas de maíz en ollas de barro".

"Llenaban las ollas con arena muy caliente, echaban los granos de maíz y los revolvían con un palo".

"Una vez cocinado, el maíz saltaba encima de la arena y era fácil sacarlo".

"A los iroqueses les gustaba mucho la sopa de palomitas de maíz".

¿SOPA?

"Los algonquinos, quienes asistieron a la primera cena del Día de Acción de Gracias, obsequiaron a los peregrinos con palomitas de maíz".

"A los colonizadores les gustó tanto que desde entonces servían palomitas de maíz con crema de leche en el desayuno".

AQUÍ ESTÁ LO QUE LEÍ AL PRINCIPIO.

"El maíz se conserva mejor en un pote cerrado, en el refrigerador, para que los granos mantengan su humedad".

"Si los granos se resecan, quedarán muchas "solteronas" en el fondo de la cazuela. "Solteronas" son los granos que nunca llegan a convertirse en palomitas de maíz".

PARECE QUE NO HAY SUFICIENTE

"Los granos de maíz estallan porque su centro es húmedo y pulposo, y está rodeado de una corteza dura de almidón".

"Cuando los granos se calientan, la humedad se convierte en vapor y el centro crece hasta que la corteza explota".

¿ESTÁS SEGURO DE QUE NO ECHASTE DEMASIADO MAÍZ EN LA CAZUELA?

NO DIGAS TONTERÍAS

"De acuerdo con una leyenda de los indios norteamericanos, dentro de cada grano de maíz vivía un pequeño demonio. Cuando su casa se calentaba, éste se ponía tan furioso que reventaba".

"Hay diferentes clases de maíz:
Los de granos blancos y amarillos son los que se encuentran más comunmente en los comercios".

"El más pequeño se conoce como 'fresa' porque sus granos son rojos y la mazorca parece como una fresa".

" 'El arco iris' tiene granos de color rojo, blanco, amarillo y azul. También se le conoce con el nombre de 'Calicó' ".

"También hay maíz de color negro, pero, no importa el color, las palomitas son siempre de color blanco".

"Los granos más grandes se conocen como 'Dinamita' o 'Copo de Nieve' ".

AGITA,
AGITA,
AGITA

"A la mayoría de las personas les gusta añadirle mantequilla derretida y sal a las palomitas de maíz".

"Si se agrega sal en la cazuela antes de que el maíz salte, éste se endurece.

AGITA, AGITA, AGITA

"Hay muchas historias sobre las palomitas de maíz. Una de las más conocidas y graciosas proviene del medio oeste de los Estados Unidos.

Un verano hacía tanto calor y la sequía era tan fuerte, que todo el maíz comenzó a saltar.

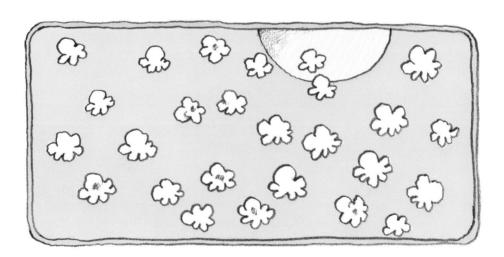

En un abrir y cerrar de ojos, el cielo se llenó de palomitas de maíz.

Parecía que había tal ventisca, que todo el mundo se puso sus mitones y sus bufandas y sacó las palas de nieve".

DOS FORMAS DELICIOSAS DE HACER
PALOMITAS DE MAÍZ*

PARA TODOS LOS DÍAS

1. Pon a calentar una cazuela mediana (con su tapa) a fuego alto por 2 minutos.
2. Agrega ¼ de taza de aceite de cocinar en la cazuela. Debe cubrir el fondo.
3. Baja la candela a fuego medio.
4. Echa 3 ó 4 granos de maíz.
5. Cuando comiencen a saltar, agrega suficientes granos para cubrir el fondo de la cazuela. (No eches más de ½ taza).
6. Baja la candela, cubre la cazuela y agítala.
7. Cuando el maíz ya no salte más, echa las palomitas en un recipiente hondo. Agrégale mantequilla derretida y sal.
8. ¡Para luego es tarde!

PARA EL VIERNES POR LA NOCHE
Receta de Florence Nesci.

1. Vierte aceite vegetal (como Crisco) en una sartén grande que tenga tapa.
2. Deja que el aceite se caliente a fuego lento.
3. Agrega suficientes granos para llenar el fondo de la sartén. El aceite debe cubrir los granos de maíz. Añade más si fuese necesario.
4. Revuelve constantemente hasta que 1 ó 2 granos comiencen a saltar. (Los granos se inflarán y se pondrán suaves).
5. Cubre la sartén, sube el fuego y muévela muy rápido hasta que el maíz no salte más.
6. Pon las palomitas de maíz en un recipiente hondo y échale sal. No es necesario ponerle mantequilla.
7. ¡Buen provecho!

Asegúrate de pedir permiso a un adulto primero.

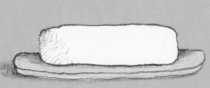